AF331291

LA MANIÈRE

DE LE FAIRE REVENIR TOUT DE SUITE

L'AVENIR DE LA FRANCE

ET LE GÉNÉRAL

BOULANGER

PARIS

IMPRIMERIE R. MEUNIER

15, RUE D'ABBEVILLE, 15

1887

L'AVENIR DE LA FRANCE

ET

LE GÉNÉRAL BOULANGER

PAUVRE MINISTÈRE !

Sonnez clairons! Sonnez, trompettes!

Il y a six semaines que le nouveau ministère est installé; et tous ceux qui, à la Chambre, le détestent et le méprisent, n'ont pas encore jugé à propos de le renverser! Dans le public, tout le monde s'étonne que ce mort-vivant ait l'agonie si coriace. Pauvre ministère!

C'est qu'il a vu le jour comme la doublure d'un paletot, quand le drap usé se déchire. Il est né du vide, de l'incapacité de ses prédécesseurs, du refus des premiers rôles à servir ce que les autres avaient laissé de République et de finances. Il vit de l'accord de deux négations, celle de la droite, qui nie la République; celle des Ferrystes, qui nient l'honneur national. Il mourra le jour où les deux partis s'apercevront qu'on ne peut s'entendre quand on n'a aucune idée commune.

Mettez un chien au pouvoir; l'espèce humaine est ainsi faite qu'il se trouvera des gens pour déclarer qu'après tout le chien, bien qu'un peu chapardeur, un peu déréglé dans ses mœurs, vaut encore mieux que l'homme. C'est ce qui explique comment l'époux de Claude Vignon, l'homme des conventions et de la Compagnie auxiliaire des chemins de fer, trouve des souteneurs..... pardon! je voulais dire des soutiens.

L'appui qu'un parti honorable comme la droite prête au nouveau ministère n'en est pas moins dur à comprendre pour ceux qui ignorent à quel degré de byzantinisme la fréquentation du Palais-Bourbon amène les cerveaux les mieux pondérés. On voit bien ce que la droite y perdra en considération. On ne voit ni ce qu'elle y gagnera au point de vue de ses propres intérêts, ni ce qu'elle fera gagner à la France.

GOUVERNEMENT ANTINATIONAL

J'ai entendu dire que le ministère dispose d'une majorité **réelle,** puisque ceux qui ont voté pour lui représentent les deux tiers des électeurs et ont des idées gouvernementales modérées et pratiques. On disait la même chose de 1871 à 1876. Cela s'appelait la **Fusion des Centres;** et cela a abouti au 16 Mai d'abord, au gâchis opportuniste ensuite.

La preuve a été faite alors que deux politiciens, partis de deux pôles opposés, peuvent se rapprocher indéfiniment, sans jamais se rencontrer.

Pourquoi reprendre cette utopie, avec la circonstance aggravante que, si la bonne odeur des ministres de cette époque (Dufaure, Buffet, etc.) pouvait décider pas mal de députés à les suivre, il est au moins douteux que M. Rouvier doive un succès à une semblable qualité.

La Chambre sait encore mieux que le pays que le nouveau cabinet n'obtiendra pas de la droite les votes qui donneraient satisfaction à la gauche, même la plus modérée ; et encore moins de cette gauche les concessions qui sauvegarderaient au moins l'amour-propre de la droite. On s'en est aperçu dès la première rencontre à propos de l'évêque Freppel et de la loi militaire.

Cela saute tellement aux yeux qu'il a été question d'une clôture anticipée de la session. Le seul moyen pratique de protéger pendant quelques mois contre un infanticide le ministère au berceau, paraissait être de le soustraire durant ces mêmes mois aux caresses de ses deux mères et de le confier aux soins du père nourricier, Grévy.

La Chambre n'est pas non plus assez naïve pour s'imaginer que M. Rouvier va lui faire de bonnes finances. Elle compte dans son sein trop d'actionnaires de la Compagnie auxiliaire des chemins de fer.

Mais quoi ?

Si les préoccupations politiques n'existaient pas, si le désarroi trop réel de nos finances n'a servi que de prétexte, pourquoi cette crise, cet émoi, cet enfantement d'un cabinet-phénomène digne tout au plus d'être exhibé aux Folies-Bergère !

Si vous voulez le mot de l'énigme, **allez à Berlin.** Là-bas, vous verrez, comme d'ailleurs nous l'apprennent les journaux étrangers, qu'on se montre très satisfait de notre docilité ; et que nous avons mérité un bon point du jeune prince qui ne veut boire de vin de Champagne que quand la Champagne sera devenue une de ses provinces.

Vous pourrez vous convaincre que le motif vrai de la crise et de la cuisine parlementaire qui s'en est suivie était le désir d'expulser du pouvoir un général désagréable à nos ennemis.

Un bon patriote aurait sans doute conclu que la défaveur de la Prusse est un titre à notre confiance. La Chambre et l'Elysée ont pensé autrement.

Pauvre Elysée ! Pauvre Chambre !

LE GÉNÉRAL BOULANGER

Quel est donc le crime du général Boulanger? Mon Dieu! c'est bien simple.

D'abord, c'est **un général**, qui a gagné ses épaulettes sans tripotage politique, par ses services militaires, à la pointe de son épée. Et il est bien convenu, chez les gâteux de l'Elysée et les roublards de la **République Française**, qu'il ne faut plus de spécialistes. Tout aux avocats sans cause, et aux journalistes de brasserie! comme qui dirait : « Tout à l'égout! » Boulanger est général, donc il ne faut pas lui laisser le ministère de la guerre.

N'allez pas croire, lecteurs et électeurs, que je me moque de vous. Ils ont bien mis au commerce Tirard, simple courtier en bijouterie ; aux travaux publics Hérisson qui ne s'est jamais douté de la manière dont on empierre une route. Ils viennent d'y mettre Heredia qui ne sait que gagner des millions en faisant travailler à coups de fouet ses esclaves ; de sorte que le mot **travaux publics** équivaut, entre de pareilles mains, à **travaux forcés.**

Aujourd'hui, ils mettent aux finances Rouvier qui a fait faillite à ses actionnaires ; à la Marine, Barbey, ancien lieutenant de vaisseau, il est vrai, mais ayant quitté la Marine parce qu'il se sentait trop homme de terre.

Devant ces pantins, je me sens, moi, devenir tintamarresque ; et cependant ces pantins sont lugubres. Ils deviendront, si nous n'y prenons garde, les fossoyeurs de la France. Nos maîtres actuels ont horreur des honnêtes gens qui savent leur métier, parce qu'ils ne peuvent les faire pirouetter à leur gré, ni s'en servir pour leurs sublimes conceptions financières. Les services publics s'en trouvent mal ; la France se ruine. Qu'importe! Périsse la France plutôt que la maison Daniel Wilson et Cⁱᵉ, exécutée à la Bourse.

Le second crime du général Boulanger est de n'avoir jamais voulu admettre que le rôle d'un ministre français fût de **s'aplatir** devant l'Allemagne et d'obéir aux conseils pusillanimes de ceux qui donneraient une province pour conserver leurs places. Chargé de la guerre, il nous préparait pour la guerre, sans provocation, mais avec la conviction profonde qu'on respecte mieux un peuple solide et résolu qu'un timide invalide.

De ses projets de réforme militaire, je ne suis pas assez compétent pour parler. La meilleure preuve qu'ils sont **excellents**, c'est que son successeur, qui a pour mission de le faire oublier, s'est hâté de les reprendre pour son compte.

Sic vos, non vobis, mellificatis, apes!

Ce qui veut dire :

Ce n'est pas pour vous, Boulanger, que vous pétrissez du pain.

Mais ce que tout le monde a compris, c'est que le général, bien vivant, énergique, vrai Français, commençait à réveiller l'armée et la nation du sommeil somnambulique que cherchent à entretenir nos plats gouvernants. C'est qu'il avait réussi à faire vibrer cette **vieille fibre d'héroïsme** qui reste encore au cœur de tout Français, en dépit des efforts des rastaquouères parvenus.

Sous l'aiguillon de sa parole ardente, la France se souvenait qu'elle avait été grande. Elle se tâtait les membres, se trouvait bien portante, et s'étonnait qu'on l'eût tenue si longtemps au régime de la tisane et des cataplasmes. Ce besoin de réveil, ce désir de secouer la moisissure accumulée par sept ans de platitude bête sont si puissants que la tâche du Général fut facile. Avant même qu'il eût eu le temps de montrer toute sa valeur, le public avait compris qu'il pouvait être l'homme viril, désiré comme le Messie, incapable de folies, mais dévoué jusqu'à la mort.

Dès aujourd'hui, il possède la confiance nationale.

Cela ne pouvait faire l'affaire des apothicaires intéressés à prolonger notre anémie. Le jour où la France voudra sérieusement un gouvernement solide qui lui rende sa place en Europe, que voulez-vous que deviennent : un président qui, pour ne pas mentir à son passé, est obligé de prouver, par son inactivité, l'inutilité de la présidence ; — un parti gouvernemental qui prétend faire de chaque ministère une sorte de caporal de semaine, irresponsable de ses fautes les plus lourdes, et dont le seul châtiment consiste à rentrer pour un temps dans la coulisse, en attendant que ses successeurs se soient usés à leur tour. Que voulez-vous que répondent tous ces gens-là, si un beau jour le contribuable se fâche et demande ce qu'on fait de son sang et de son argent.

Le Général menaçait de réveiller le pays. A tout prix, il fallait le faire disparaître. Et, n'osant s'attaquer directement à lui, on l'a englobé dans une chute commune, ni plus ni moins utile que les autres. Pour enlever à **son honneur** la possibilité de garder le portefeuille de la guerre, on a choisi M. Rouvier comme chef du cabinet.

LA SITUATION

A voir l'abus qu'on fait de la confiance, ou, pour mieux dire, de la lassitude de la France, nous sentons la colère nous envahir.

La situation actuelle, la voici en deux mots :

Des impôts tellement lourds qu'on ne peut plus les payer.

Un déficit de 600 millions par an qui nous mènera à la faillite.

Le Commerce, l'Agriculture, l'Industrie en souffrance.

Partout, depuis la plus haute fonction jusqu'au plus modeste emploi, une foule d'incapables ou de gens douteux, des **rats affamés** qui sont venus, on ne sait d'où, s'abattre sur notre budget et décourager les travailleurs vraiment utiles.

Et, lorsque la mesure est comble, la seule satisfaction qu'on sait donner à l'électeur inquiet consiste à remplacer un cabinet incolore par un autre mauvais teint.

Il semble que toute la France tienne dans la peau d'un Freycinet, d'un Duclerc ou d'un Rouvier.

Malgré l'excellence de nos soldats et de nos armes, on se demande avec terreur ce qui adviendrait en cas d'émeute ou de guerre. Car il ne suffit pas d'avoir de bons soldats et de bon fusils. Encore faut-il un chef capable de commander.

Par un hasard qu'on pourrait appeler providentiel, nous avions trouvé un homme d'un rare mérite, **inspirant confiance au dedans, respect au dehors.** Et c'est celui-là que la marée opportuniste cherche à engloutir sous sa vase.

Ils prétendent que la présence au pouvoir du Général est un danger de guerre.

Ils mentent !

Si le Général est peu agréable à la Prusse parce qu'il ne reçoit pas ses inspirations de Berlin, comme le tonkinois Ferry, en revanche, il est très apprécié à Saint-Pétersbourg. Et personne ne doute, je crois, qu'une entente amicale entre la France et la Russie, **qui pourrait se faire grâce à lui,** est le meilleur gage de la paix européenne.

Ils disent que le Général s'est fait, par ambition personnelle, une réclame dangereuse, et qu'un jour ou l'autre, il se proclamerait dictateur.

Ils mentent !

Le Général n'a jamais fait réclame qu'au profit du patriotisme. Ses idées libérales ne sont un mystère pour personne. Il est même évident que lui seul aurait l'autorité suffisante pour empêcher un coup d'Etat, si pareille tentative se produisait.

Où ils ne mentent pas, c'est quand ils avouent leur peur du Général ! Oh ! je comprends parfaitement les craintes de l'Ennuque qui garde le Sérail. L'impuissance rend soupçonneux. —

Mais la France n'est pas un Sérail. Nous n'avons rien à voir avec les terreurs stupides qu'on cherche à nous inspirer.

Soyons grands, puissants, bien vivants, et laissons les ramollis se lamenter entre eux. N'oublions pas qu'une forteresse de granit sera toujours une meilleure défense qu'une muraille de boue. Car si la boue peut amortir le choc d'un obus, ce n'est pas d'obus qu'on se sert contre elle. Un simple balai suffit.

CONCLUSION

Ce n'est pas le vain plaisir d'écrire qui a dicté cet opuscule. C'est encore moins mon amitié pour le Général Boulanger, que je n'ai pas même l'honneur de connaître.

Français, j'ai peur pour ma patrie ! Je crains pour elle l'impuissance de ses gouvernants à garantir sa sécurité intérieure ou extérieure. Le ciel est noir d'orages ; il n'est que temps de nous tenir prêts. Si nous nous endormons encore une fois sur une solution qui n'en est pas une, nous risquons fort de nous réveiller avant peu au milieu de la tempête.

Il nous faut, tout de suite, **de bons pilotes.** Le Général est, dans ces derniers temps, **le seul** qui se soit révélé ; c'est pourquoi son nom est venu tout naturellement sous ma plume.

Tous les citoyens français pensent ce que j'écris ici. Je n'en veux d'autre preuve que l'émotion causée par sa chute.

Mais penser ne suffit pas, il faut agir. Il faut, par voie de pétitionnement, d'adresses, de réunions publiques, rappeler **sans relâche** à nos tristes gouvernants que nous n'acceptons pas le défi qu'ils viennent de jeter a l'opinion publique. Il faut leur rappeler que la France est assez grande pour avoir le droit d'exiger de bons serviteurs.

Et qu'on ne feigne pas de se tromper sur le sens de mes paroles ! Ce n'est pas une dictature que nous réclamons ; c'est simplement un ministère sérieux, honnête et capable. Nous applaudirons le jour où un homme rassurant comme le général Boulanger aura repris le portefeuille de la guerre, aussi bien que le jour où un ministre intègre et compétent sera aux finances.

Je crois que, pour être vraiment utile, toute discussion doit se terminer par une résolution.

C'est pourquoi je vais indiquer, à titre d'exemple, un moyen d'action qui me semble excellent.

Pourquoi les patriotes actifs et influents de chaque arrondissement, voire même de chaque canton, ne feraient-ils pas signer une adresse au Président de la République, à peu près ainsi conçue :

Les soussignés,

Inquiets de voir éloigner systématiquement du ministère les hommes les plus sympathiques au pays, notamment le général Boulanger dont l'énergique et solide patriotisme était la meilleure de nos garanties,

Convaincus que tous les replâtrages ministériels ne feront qu'aggraver une situation politique et financière dès aujourd'hui fort périlleuse,

Réclament instamment que la direction des affaires de l'Etat soit immédiatement remise aux mains de ministres possédant la confiance publique.

JEAN.

PARIS

IMPRIMERIE R. MEUNIER

15, RUE D'ABBEVLLE, 15